Despina Petraki

Der Zusammenhang zwischen memorierten Bullying- und Viktimisierungserfahrungen in der Schulzeit und dem sozioökonomischen Status im Erwachsenenalter

Eine deskriptive und empirische Studie

Inhaltsverzeichnis

Herstellung und Verlag BoD – Books on Demand,
Norderstedt
ISBN: 9783756879274

Abstract

Bullying ist mit gesundheitlichen Problemen in der Kindheit assoziiert, welche langanhaltend sind. Es zeigen sich negative Effekte von schulischem Bullying im Erwachsenenalter auf den sozioökonomischen Status, den Beruf und das monatliche Nettoeinkommen. Sozioökonomische bzw. finanzielle Langzeitfolgen von schulischem Bullying wurden bisher in wenigen Studien untersucht und hier knüpft die Studie an. Es wird untersucht, ob es einen Zusammenhang zwischen memorierter Bullying- und Viktimisierungserfahrung und dem sozio-ökonomischen Status, der mit der Angabe zum monatlichen Nettoeinkommen eines Haushaltes operationalisiert wurde, gibt: *Lassen sich Unterschiede im monatlichen Nettoeinkommen im Erwachsenenalter zwischen als Opfer, Täter-Opfer und als Täter klassierte Personen feststellen?* Es wird angenommen, dass viktimisierte Personen ein geringeres Nettoeinkommen im Erwachsenenalter aufweisen, als die als Täter und Täter-Opfer klassierten Personen **(Hypothese 1)**. Der beschriebene Effekt wurde in der dichotomisierten Stichprobe der jüngeren und der älteren Generation erwartet **(Hypothese 2)**. Ferner beschäftigt sich die Studie mit der Frage, ob sich die finanziellen Folgen von Bullying mit zunehmendem Alter stärker (Generation 36-70 Jahren) abbilden **(Hypothese 3)**. Die Ergebnisse des Kruskal-Wallis-Tests bestätigen keine der Hypothesen, jedoch lässt sich auf deskriptiver Ebene festhalten, dass viktimisierte Personen um eine Einkommensklasse weniger verdienen als die als Täter- und Täter-Opfer klassierten Personen **(Hypothese 1)**. **Hypothese 2** und **3** zeigen keine signifikanten Ergebnisse, doch die als Täter klassierten Personen der älteren Generation verdienen im Mittel deskriptiv mehr als die Personen, die als Täter- und Täter-Opfer klassiert wurden.

1 Einleitung

Mobbing kann negative Konsequenzen mit sich bringen, die sich nicht nur über den Zeitraum des Geschehens erstrecken. Der Forschungsstand zeigt, dass für alle Beteiligten im Mobbingkreis Langzeitfolgen entstehen können. Die Langzeitfolgen des Mobbings wurden in vielen Studien mit dem Fokus auf die negativen Konsequenzen auf den emotionalen-sozialen Bereich untersucht. Studien, die den Einfluss von memorierter Viktimisierungs- und Bullyingerfahrungen in der Schulzeit auf den sozioökonomischen Status im Erwachsenenalter untersuchen, gibt es in Amerika und England, nicht aber in Deutschland. Die Studien zeigen einen Zusammenhang zwischen schulischer Bullying- und Viktimisierungserfahrung und dem Einkommen sowie der Erwerbstätigkeit. Sozioökonomische Langzeitfolgen wurden allerdings nur in wenigen Studien untersucht.

Diese Forschungslücke wird versucht mit der vorliegenden empirischen Arbeit annährungsweise zu füllen. Die übergeordnete Forschungsfrage lautet dabei: Wie ist der Einfluss von memorierter Viktimisierungs- und Bullyingserfahrungen in der Schulzeit auf den sozioökonomischen Status im Erwachsenenalter? Der sozioökonomische Status wurde in dieser Studie mittels des monatlichen Nettoeinkommens eines Haushaltes operationalisiert.

Es wird untersucht, ob viktimisierte Personen ein geringeres Nettoeinkommen aufweisen als die als Täter klassierten Personen. Es wird theoretisch davon ausgegangen, dass sich Täter aufgrund ihres „Durchsetzungsvermögens […]" Vorteile verschaffen können. Mobbing hat zwar für alle Beteiligten Konsequenzen, doch am gravierendsten sind die Folgen für die Opfer. Dieses Phänomen wird sich für beide Generationen angeschaut, da auch hier ein Unterschied im Einkommen zwischen den Täter- , Täter-Opfer und Opfergruppen erwartet wird. Um den Einfluss von memorierter Viktimisierungs- und Bullyingerfahrungen konkreter zu erfassen, wird die jüngere (20-35 Jahren) und die ältere Generation (36-70 Jahren) in der Verteilung der Einkommensklassen in den jeweiligen Täter-Opfer-, Täter- und Opfergruppen beschrieben. Die Annahme hierbei ist, dass sich die anzunehmenden Effekte stärker mit zunehmendem Alter und langjähriger Arbeit widerspiegeln und nicht direkt zu Beginn des Berufslebens. Es wird davon ausgegangen, dass eine Person zunächst einen Handlungsspielraum benötigt, und vor allem Zeit, damit persönliche Faktoren das Einkommen positiv oder negativ beeinflussen. Es wird in der Arbeit untersucht, ob zwischen den Generationsgruppen in der Ausprägung ein Unterschied vorliegt, denn es wird angenommen, dass sich in der älteren Generation eine stärkere Ausprägung der sozioökonomischen Konsequenzen von Bullying abzeichnet (36-70 Jahren). Das Alter wird demnach als Moderatorvariable gesehen, die den Zusammenhang zwischen den Variablen der einzelnen Mobbinggruppen und dem Einkommen beeinflusst.[1]

---

[1] Grafiken wurden entfernt, da der Druck das Einfügen von Grafiken nicht erlaubt. Zur Veranschaulichung können Sie sich bei mir melden: despinafrance@hotmail.de

2 Theoretischer und empirischer Forschungsstand zum Zusammenhang zwischen memorierter Bullying- und Viktimisierungserfahrungen und dem sozioökonomischen Status im Erwachsenenalter

Um die Domäne einzugrenzen und die Wichtigkeit des Themas nahezulegen, werden die zentralen Begriffe *Bullying* und *Viktimisierung,* und die *Hauptrollen* im *Mobbingkreis* in diesem Kapitel knapp erläutert und mögliche *Charakterika* von Tätern- und Opfern aufgeführt. Die allgemeinen *Langzeitfolgen* im Erwachsenenalter von Bullying in der Kindheit und Jugend werden aufgeführt. Dies soll dazu beitragen, die Hypothesen theoretisch abzuleiten. Ferner werden empirische Studien vorgestellt, die den Zusammenhang zwischen memorierter Bullying- und Viktimsierungserfahrungen und dem sozioökonomischen Status im Erwachsenenalter untersucht haben, um neben den gesundheitlichen Folgen auch sozioökonomische Folgen zu erforschen.

2.1 Begriffsdefinition: Bullying

Die englischen Begriffe *Bullying* oder *Victimization* werden oft als Synonym für Mobbing genutzt. Dies umfasst sowohl die Täter- als auch die Opfererfahrungen (Olweus, 1993; von Marées & Petermann, 2009*).*

Viktimisierung bzw. *Bullying* ist als systematischer Machtmissbrauch zu verstehen, welcher durch ein aggressives gezieltes, verletzendes Verhalten der anderen Gleichaltrigen charakterisiert ist. Besonders wichtig ist für die Abgrenzung zu einem Konflikt, dass es sich um ein wiederholendes, wiederkehrendes Verhalten handelt, das durch ein subjektiv wahrgenommenes oder tatsächliches Kräfteungleichgewicht zwischen Tätern und Opfern gekennzeichnet ist (Olweus, 1993). Um ein Phänomen als Mobbing deklarieren zu können, ist eine besondere Eigenschaft, dass die viktimisierte oder gemobbte Person Schwierigkeiten in der Verteidigung hat und oft hilflos gegenüber den Tätern erscheint. Dies erfolgt zudem langandauernd und systematisch (Olweus, 1993). Olweus (1993) bezieht sich bei dem Begriff auf negativen Handlungen, wenn bewusst Menschen Leid zugefügt wird und sie verletzt oder ihnen Unwohlsein angetan wird. Er betont hierbei den Fokus auf ein aggressives intentionales Verhalten, das auf direktem, offenem oder indirektem, verdecktem Wege ausgeführt werden kann (Olweus, 1993). Unter direkter Form werden offen Attacken auf das Opfer, die oft objektbezogenes Bullying beinhalten, gefasst wie etwa Zerstörung des Eigentums oder direkte physische und verbale Konfrontation (Scheithauer et al., 2003). Indirekte verdeckte Formen sind Formen der relationalen Aggressionen und sozialen Manipulation wie beispielsweise die intentionale soziale Ausgrenzung und Isolationen einer Person aus einer Gruppe oder das Erzählen von Gerüchten, Lästern sowie das absichtliche Ignorieren, (Olweus, 1993; Wolke & Lereya, 2015).

Es lassen sich drei Hauptrollen im Mobbingkreis feststellen: 1. Täter, 2. Täter-Opfer, 3. Opfer. Als Täter werden Personen bezeichnet, die ihre Altersgenossen gezielt ärgern, schikanieren. Hierbei fallen die aktiven Personen nicht in die Opferrolle. Als Täter-Opfer werden diejenigen bezeichnet, die selber gemobbt wurden, aber selbst auch aktiv ihre Mitschüler mobben. Hierbei handelt es sich um eine wechselseitige Rolleneinnahme (von Marées & Petermann, 2010; Wachs et al., 2016). Als Opfer gelten Personen, die von ihren Altersgenossen gemobbt werden, allerdings nie aktiv andere mobben (Wachs et al, 2016). In dieser Studie handelt es sich um die Erforschung memorierter Bullying- und Viktimisierungserfahrung. Dies bedeutet, dass die Fragen aus der Retrospektive beantworten wurden.

2.2 Gesundheitliche Langzeitfolgen von Bullying- und Viktimisierungserfahrungen in der Schulzeit

Eine Vielzahl internationaler Studien belegen, dass Mobbing nicht nur für die Opfer, sondern auch für Täter Konsequenzen mit sich bringt (Melzer et al., 2008). So können die Opfer und Täter „[...] eine Reihe gesundheitlicher Beeinträchtigungen z.b. Angst, Depression, Übergewicht, geringe(s) Selbstvertrauen und psychosomatische Beschwerden (Melzer et al., 2008, S. 116) [...]" erleiden. Die Forschungsergebnisse einer Schülerbefragung aus dem Jahre 1996 (N= 3.000) zeigen, dass die als Täter klassierten Personen dominantere Charakteristika aufweisen als die Opfer und sie zeigen sich überlegener als die Täter-Opfer. Die Täter suchten sich jüngere Personen, die sie schikanieren konnten, sodass sie nicht nur im Alter, sondern auch im Körpergewicht den Opfern weit voraus waren (Melzer & Rostampour, 1996; Melzer et al., 2008). Sie weisen ein großes Durchsetzungsvermögen innerhalb der Klasse auf und erwerben sich die Anerkennung durch ihr starkes Selbstbewusstsein und der hohen Aggressionsbereitschaft (Melzer et al., 2008). Interessant ist hierbei, dass die Täter- und Täter-Opfer im Vergleich zu den Opfern schlechte Schulleistungen haben und wenig Schulfreude zeigen.

Melzer et al. (2008) sagen, die als Täter-Opfer klassierten Personen bringen Charakteristika der Opfer und der Täter mit. In der Studie von Melzer et al. (2008) zeigten auch diese Gruppe schlechte Schulleistungen im Vergleich zu den Opfern sowie eine Anfälligkeit für Kriminalität und Aggression. Ihnen wird ein niedriges Selbstwertgefühl zugeschrieben, trotz dem starken Durchsetzungsverhalten. Viktimisierte Schüler: innen zeigten den Erhebungen von 1996 zu Folge ein niedriges Durchsetzungsvermögen und Selbstbewusstsein. Sie erlitten zudem eine Schulangst. Dies, obwohl sie im Vergleich zu den

Schulleistungen der Täter- und Täter-Opfer-Gruppe sehr gute Leistungen haben (Melzer, 2008). Rostampour & Melzer (1996) zeigten anhand dieser Stichprobe, dass sich für die jeweiligen Täter-, Täter-Opfer- und Opfergruppen verschiedene Charakteristika feststellen ließen. Zusammenfassend sprechen Rostampour & Melzer (1996) von Merkmalen für die Tätergruppe, die sie klar von den Opfergruppe unterscheidet „[…] Außenseiterstatus, Leistungsangst, niedriges Alter, negatives Selbstwertgefühl und schlechtere Einschätzung des Klassen- bzw. Schulklimas (Olweus, 1997 & 1995, zitiert nach Rostampour, 2006). Dass Täter schlechtere Schulnoten in den Kernfächern aufweisen und sie eher in der Peergroup integriert sind als die Opfer, wurde von Lösel et al. (1997) bestätigt. Personen, die als Täter klassiert wurden weisen impulsivere und dominante Verhaltensweisen auf (Lösel et al., 1997; zitiert nach Rostampour, 2006). Täter haben bessere Noten in Sport, was mit der körperlichen Überlegenheit zusammenhängen könne (Lösel et al., 1997). Sie stellten fest, Opfer weisen deutlich höhere Werte für ein internalisierendes Syndrom auf, wohingegen die Täter niedrigere Werte haben und bei „[…] Aggressivität und „zwanghaft/schizoiden" (z.B. Dinge horten, seltsame Gedanken und Ideen haben) höhere Werte […]" aufweisen (Rostampour, 2006, 2. 108). Erwähnenswert ist, dass die dargestellten Merkmale häufig in den jeweiligen Rollen zu finden sind aber es „[…] sehr unterschiedliche Individuen gibt […] (Rostampour, 2006, S. 108).

2.3 Empirie: Einfluss der memorierten Bullying- und Viktimisierunserfahrungen auf den sozioökonomischen Status im Erwachsenenalter

In diesem Kapitel wird der aktuelle Forschungsstand zum Zusammenhang zwischen memorierter Bullying- und Viktimisierungserfahrung und dem sozioökonomischen Status im Erwachsenenalter anhand empirischer Befunde repräsentativer Studien erläutert. Dies soll dazu beitragen die abgeleiteten Hypothesen nicht nur theoretisch, sondern auch empirisch zu begründen. Hierzu sollen folgende Studien vorgestellt werden, die nicht nur die emotionalen und sozialen Konsequenzen beleuchten, sondern auch die Folgen für den späteren sozioökonomischen Status, den Wohlstand und den eigenen Beruf berichten:

- Bullying, Education and Labour Market Outcomes: Evidence from the National Child Development Study (Brown & Taylor, 2008)
- Impact of bullying in childhood on adult health, wealth, crime, and social outcomes (Copeland et al., 2013)
- Adult Health Outcomes of Childhood Bullying Victimization: Evidence From a Five-Decade Longitudinal British Birth Cohort (Takizawa et al., 2014)
- Long term economic impact associated with childhood bullying victimisation (Brimblecombe et al., 2018)

Brown & Taylor (2008) untersuchten die Langzeitfolgen von schulischem Mobbing auf den Bildungserfolg der im Jahre 1985 geborene Stichprobe der *British National Child Development Study (NCDS)*. Hierzu wurden Fragebögen genutzt, bei denen die Eltern von den schulischen Mobbingerfahrungen ihres Kindes im Alter von 7-11 Jahren berichten sollten. Anschließend schauten sie sich den höchsten erreichten Bildungsabschluss im Alter von 16-, 23-,

33-, 42 Jahren an, um die Auswirkungen von schulischem Mobbing auf den Bildungserfolg zu erforschen. Sie fanden heraus, dass sich schulisches Mobbing auf das Herausbilden wirtschaftlicher Fähigkeiten negativ auswirkt. Schüler: innen, die in der Kindheit gemobbt wurden, können schlechter Kompetenzen des Humankapitals herausbilden, um Anschluss auf den Arbeitsmarkt zu finden. Die Ergebnisse zeigen, dass Personen, die Mobbingerfahrungen in der Kindheit gemacht haben, Schwierigkeiten dabeihaben, einen Job zu finden und Kenntnisse herauszubilden, die wichtig sind, um erwerbstätig sein zu können, besonders im Erwachsenenalter von 23 & 33 Jahren. In der Studie zeigte sich diese Schwierigkeit jedoch nicht im Alter von 42 Jahren. Bullying- und Viktimisierungserfahrungen haben demnach einen negativen Einfluss auf den Bildungserfolg und dies hat wiederum einen Einfluss auf das Humankapital, der Fähigkeit im Arbeitsmarkt Fuß zu fassen (Taylor & Brown, 2008). Brown & Taylor (2008) bestätigen, dass der Grund für den niedrigen sozioökonomischen Status und die Arbeitslosigkeit von viktimisierten Personen das niedrige Bildungsniveau und der niedrigere Bildungsabschluss sei. Personen, die in der Kindheit massiv gemobbt worden sind, haben häufiger einen geringeren Bildungsstand als Personen, die nicht gemobbt worden sind (Taylor & Brown, 2008). Mitschüler: innen, die aktiv gemobbt haben, haben häufiger einen niedrigen Schulabschluss, als Personen, die nicht am Mobbing beteiligt waren. Nichtsdestotrotz haben viktimisierte Schüler: innen ein erhöhtes Risiko von niedrigem Einkommen und Erwerbslosigkeit im Erwachsenenalter. Für Personen, die in der Schulzeit Täter waren, lässt sich kein signifikantes Ergebnis bezüglich der Erwerbslosigkeit und dem niedrigen Einkommen im Erwachsenenalter feststellen. Demzufolge kann davon ausgegangen werden, dass eine Viktimisierung in der Schulzeit längerfristige einschneidende Folgen während der gesamten Lebensspanne habe, als für die Täter im Mobbingkreis (Brown &

Taylor 2008, S. 19): „Hence, being a victim of bullying has longer lasting scarring effects than for those who are the perpetrators of bullying."

Copeland et al. (2013) untersuchten mit ihrer Forschung ebenfalls die Langzeitfolgen im Erwachsenenalter, speziell den Wohlstand. Sie fokussierten sich hierbei auch auf die Täter-Opfergruppe. Um den sozioökonomischen Status, speziell Armut, der Probanden im Erwachsenenalter zu quantifizieren, wurde der Wohlstand anhand finanzieller Mittel wie Haushalseinkommen und dem höchsten Bildungsabschluss identifiziert. Zusätzlich wurde erfragt, ob es Probleme im Beruf gab, eine Kündigung oder eine Entlassung seitens des Arbeitgebers vorlag. Finanzielle und bildungsabhängige Aspekte wurden sich für alle drei Gruppen, Täter-, Täter-Opfer-, Opfer, angeschaut. Hier zeigte sich eine starke Evidenz: Die Ergebnisse aus der amerikanischen Studie zeigen, dass in der Schulzeit viktimisierte Personen, die Täter-Opfergruppe miteinbezogen, ein höheres Risiko für einen geringen Bildungsabschluss, einen geringen Wohlstand, einen niedrigen sozioökonomischen Status in Form von geringem Einkommen im Erwachsenenalter haben als die reine Tätergruppe (Copeland et al., 2013). Nichtsdestoweniger waren alle drei Gruppen aus dem Mobbingkreis gefährdet im jungen Erwachsenenalter ein geringes Einkommen und einen geringen Bildungsstand zu erhalten und sie haben Schwierigkeiten einen Beruf auf lange Sicht zu behalten. Diese Ergebnisse replizieren auch Sigurdson et al. (2014) und sie betonen, dass reine Täter häufiger im Erwachsenenalter arbeitslos sind.

Die Ergebnisse zeigen demnach, dass sich Mobbing, unabhängig von den einzelnen Rollen, auf den sozioökonomischen Status im Erwachsenenalter auswirkt, jedoch diejenigen, die viktimisiert wurden am meisten darunter leiden: Täter „[...] $\beta = -0.71$, $p = .002$, [...] Täter-Opfer $\beta = -1.00$, $p < .001$, [...] Opfer $\beta = -0.37$, $p < .001$ [...] (Copeland et al., 2013, S. 9)." Nakamato & Schwartz

(2010) zeigten, dass schlechtere schulische Leistungen und ein geringer Bildungsstand mit einer Viktimisierung verbunden wird. Doch diese Studie zeigte keinen signifikanten Unterschieden im Bildungstand zwischen Tätern, Täter-Opfern und Opfern, wenn es sich um ein kurzzeitigen Mobbingprozess handelt. Tendenziell haben viktimisierte Personen, die chronisch gemobbt wurden ein erhöhtes Risiko für finanzielle Probleme und Bildungsdefiziten und einen niedrigeren Bildungsstand (Copeland et al., 2013).

Takizawa et al. (2014) untersuchten Auswirkungen von schulischem Mobbing und fokussierten die Auswirkungen, die in der Lebensmitte zutrage kamen. Die Stichprobe aus der *British National Child Development Study (NCDS)*, bestehend aus Probanden im Alter von 50 Jahren, geboren im Jahre 1958, wurde auf Langzeitfolgen von Bullying- und Viktimisierungserfahrungen untersucht. Zur Einordnung der Probanden in Täter-, Täter-Opfer- und Opfergruppe wurden Elternfragebögen ausgewertet, welche Aufschlüsse über das schulische Mobbing ihres Kindes in der Zeitspanne von 7-11 Jahren geben. Unter anderem schauten sich die Autoren die negativen Auswirkungen des Mobbings für den sozioökonomischen Status im Alter von 50 Jahren an und fanden heraus, dass schulisches Mobbing, sowohl für die Täter als auch für die Opfer in einem Alter von 50 Jahren aufgrund eines niedrigeren sozioökonomischen Status auch wirtschaftliche Schwierigkeiten hervorrufen kann. Neben dem monatlichen Nettoeinkommen wurden auch Daten zum höchsten Bildungsabschluss, berufliche Qualifikationen und die derzeitige Erwerbstätigkeit erfragt, um mehrere Faktoren in Betracht zu ziehen.

Es zeigte sich, dass Personen, die dauerhaft gemobbt wurden, einen niedrigeren Bildungsabschluss im Erwachsenenalter aufweisen, als Personen, die nicht gemobbt wurden. Des Weiteren waren Männer, die in der Kindheit gelegentlich gemobbt wurden, häufiger arbeitslos, $OR= 0.98$, KI [0.62, 1.57]. Ähnliche, aber dennoch nicht signifikante Ergebnisse zeigte sich für die Männer, die dauerhaft gemobbt wurden, $OR= 0.62$ KI [0.37, 1.03] (Takizawa et al., 2014, Tabelle 4). Für Frauen zeigte sich sowohl für die gelegentlich als auch für die dauerhaft gemobbten Frauen ein signifikantes Ergebnis für die Erwerbslosigkeit, gelegentlich: $OR= 0.94$ KI [0.51, 1.73], dauerhaft: $OR= 1.48$, KI [0.59, 3.74] (Takizawa et al., 2014, Tabelle 4). Personen, die dauerhaft gemobbt wurden, sowohl Frauen (β = -10.3, KI [-27.5, 6.91 als auch Männer, (β= -27.2, KI [-59.3, 4.94]) verdienten im Vergleich zu den nicht gemobbten Personen im Alter von 50 Jahren weniger (Takizawa et al., 2014, Tabelle 4). Viktimisierte Personen haben im Alter von 50 Jahren einen niedrigeren Bildungsstand und können schlechter mit ihren Finanzen umgehen. Sie verdienen weniger, als ihre Altergenossen, die nicht gemobbt wurden (Takizawa et al., 2014; Copeland et al., 2013; zitiert nach Wolke & Lereya, 2015).

Brimblecombe et al. (2018) beschäftigten ebenfalls sich mit den Langzeitfolgen von Bullying- und Viktimisierungserfahrungen in der Schulzeit im Kindesalter von 7 bis 11 Jahren. Sie untersuchten den Einfluss von schulischer Bullying- und Viktimisierungserfahrungen auf den sozioökonomischen Status im Alter von 50 Jahren. Sie untersuchten die Auswirkungen auf das Einkommen in einem älteren Alter von 50 Jahren. Sie gehen davon aus, dass schulische Bullying- und Viktimisierungserfahrungen auch mit niedrigem Wohlstand und einem Leben in Armut assoziiert werden.

Um die Ergebnisse zu validieren, wurden sich die ökonomischen Folgen von Personen im Alter von 50 Jahren angeschaut. Die Ergebnisse zeigen erhebliche Auswirkungen von Mobbing in der Kindheit auf persönlicher und ökonomischer Ebene, die dauerhaft sind. Personen, die in der Kindheit gemobbt und viktimisiert wurden sind seltener erwerbstätig, als Personen, die nicht gemobbt wurden. Sie haben, im Vergleich zu nicht gemobbten Personen, weniger Vermögen in Form von Wohlstandsgüter wie etwa einer Wohnungs- oder eines Hauseigentums und finanziellen Ersparnissen im Alter von 50 Jahren. Die Ergebnisse von Brimblecombe et al. (2018) zeigen, dass vor allem Frauen, die frequent und dauerhaft in der Kindheit gemobbt worden sind, signifikant schlechtere wirtschaftliche Ergebnisse und ein niedrigeres Einkommen haben, als diejenigen, die keine Mobbingerfahrungen in der Schulzeit gemacht haben. Diese ökonomischen Konsequenzen ließen sich im Alter von 50 Jahren wiederfinden, denn viktimisierte Frauen waren statistisch häufiger erwerbslos aufgrund von einer Behinderung oder Krankheit, $OR= 1.34$, $OR= 1.39$ (Brimblecombe et al., 2018, S. 10). Im Vergleich zu den nicht-gemobbten Personen zeigte sich auch bei den gemobbten Männern schlechtere wirtschaftlichen Erbringungen und ein niedrigeres Einkommen im Alter von 50 Jahren

Es zeigte sich bei den Frauen ein kleiner Unterschied zwischen nicht-viktimisierten und viktimisierten Frauen, insofern, dass sie im Alter von 50 seltener über Haus- und Wohnungseigentum verfügen, $OR= 0.76$ (Brimblecombe et al., 2018, S. 10). In der Kindheit viktimisierte Frauen haben eine geringere Wahrscheinlichkeit bis zu ihrer Lebensmitte viel Erspartes anzulegen, als Personen, die nie gemobbt wurden, $RRR= 1.80$ (ebd., S.10). Bei den Männern, die Mobbingerfahrungen gemacht haben, zeigt sich ein größeres Risiko im Alter von 50 Jahren kein Haus- oder Wohnungseigentum ($OR= 0.74$) oder niedrige bis keine Ersparnisse zu besitzen ($RRR = 1.31$). Zusammenfassend verdeutlichen Brimblecombe et al. (2018), dass das dauerhafte Erleben von Mobbing im Kindesalter mit einem niedrigeren sozioökonomischen Status im Erwachsenenalter assoziiert wird, besonders für Frauen (Brimblecombe et al., 2018, Sifferlin, 2013).

2.4 Forschungsfragen und Hypothesen

Im Folgenden werden gerichtete Hypothesen dargestellt, welche folgende Fragestellungen beantworten sollen: 1. Lassen sich Unterschiede im monatlichen Nettoeinkommen im Erwachsenenalter zwischen als Opfer, Täter-Opfer und als Täter klassierte Personen feststellen? 2. Zeigen sich die sozio-ökonomischen Folgen von Bullying besonders mit zunehmendem Alter? Ziel dieser Forschungsfragen ist, den Zusammenhang zwischen den memorierten Bullying- und Viktimisierungserfahrungen und dem sozioökonomischen Status im Erwachsenenalter zu identifizieren. Die zweite Forschungsfrage ist relevant, da Studien gezeigt haben, dass die negativen Effekte von Bullying besonders mit zunehmendem Alter in Erscheinung treten, gerade was die sozio-ökonomischen Folgen betrifft. Des Weiteren ist der Vergleich des Einkommens der ab 35-jährigen Personen repräsentativer, als der Vergleich einer vergleichsweise jüngeren Gruppe. Das monatliche Nettoeinkommen eines Haushaltes im Erwachsenenalter wird als Antwortvariable und die memorierte Bullying- und Viktimisierungserfahrung als Prädiktorvariable gesehen, da es sich um eine Querschnittsstudie handelt. Es wird davon ausgegangen, dass die schulische memorierte Bullying- und Viktimisierungserfahrung (Prädiktorvariable) das spätere Einkommen (Antwortvariable) vorhersagen kann, auch wenn immer persönliche Faktoren miteinbezogen werden müssen.

Hypothese 1: Personen, die als Opfer eingeordnet wurden, weisen ein geringeres Nettoeinkommen im Erwachsenenalter auf, als die als Täter und Täter-Opfer klassierten Personen.

Die dargestellten Studien zeigten primär, dass sich Bullying sowohl für die Täter als auch für Opfer auf den sozio-ökonomischen Status auswirkt. Für viktimisierte Personen zeigte sich jedoch besonders einschneidende Konsequenzen, welche mit Schwierigkeiten im Berufsleben assoziiert werden. Sie sind seltener erwerbstätig und haben häufig ein niedrigeres Nettoeinkommen und verfügten über wenig Wohlstandsgüter, als Personen, die eher die Rolle der Täter einnahmen, was mit einem niedrigeren Bildungsabschluss einhergehen könne (Brown & Taylor, 2008; Copeland et al., 2013; Takizawa et al., 2014; Brimblecombe et al., 2018). Werden die Merkmale von Täter- und Opfer einbezogen, lässt sich ableiten, die als Täter klassierten Personen haben aufgrund ihres Durchsetzungsvermögens und ihres Selbstwertgefühles wichtige Kompetenzen für die Herausbildung des Humankapitals. Diese wichtigen Fähigkeiten zeigten sich in der Studie von Brown & Taylor (2008) bei den Opfern als defizitär. Opfer neigen eher zu internalisierenden, isoliertem Verhalten und die Täter sind eher integriert, was ihnen durchaus Vorteilen im Beruf verschaffen könne (Rostampour, 2006; Melzer et al., 2008)

Hypothese 2: Es wird angenommen, dass die Annahme über den Einkommensunterschied zwischen den in Hypothese 1 genannten Gruppen generationsunabhängig ist.

Die Alternativhypothese entspricht der statistischen Nullhypothese. Es wird davon ausgegangen wird, dass Personen, die in der Schule gemobbt oder viktimisiert werden im Vergleich zu den als Täter klassierten Personen, sowohl in der jüngeren, als auch in der älteren Generation ein niedrigeres Nettoeinkommen angeben, da das geringe Einkommen mit einem niedrigeren Bildungsabschluss assoziiert werden könne (Takizawa et al., 2014; Copeland et al., 2013; Taylor & Brown, 2008)

Hypothese 3: Wenn Personen der älteren Generation angehören, dann zeigt sich der Einkommensunterschied zwischen den in Hypothese genannten Gruppen (Täter-, Täter-Opfer, Opfer) im Vergleich zur jüngeren Generation in stärkerer Ausprägung.

Da die aufgeführten Studien im Theorieteil bestätigten, dass sich der beschriebene Effekt erst mit zunehmendem Alter deutlicher zu erkennen zeigt (Alter von 50), beschreibt **Hypothese 3**, dass Personen älteren Alters deutlichere Unterschiede im Einkommen in den jeweiligen Gruppen aufzeigen.

3 Forschungsdesign und Methodik

Im Folgenden Kapitel wird die Stichprobe, die Methodik und das Forschungsdesign näher erläutert. Darüber hinaus wird die Operationalisierung und die statistischen Verfahren zur Hypothesenüberprüfung erläutert.

3.1 Stichprobe

Um in die Stichprobe mit aufgenommen zu werden, gab es folgendes Einschlusskriterium, das erfüllt werden musste: Alle Probanden mussten volljährig sein und die Schule beendet haben, da es sich um eine retroperspektive Betrachtung von memorierter Viktimisierungs- und Bullyingerfahrungen handelt. Nach dem die Daten bereinigt wurden ergab sich eine Stichprobegröße von n= 179 Personen aus dem deutschsprachigen Raum (N=218), die sich aus 68% weiblicher und 32% männlicher Teilnehmer zusammensetzte, und deren durchschnittliches Alter $Mdn = 30$ [24; 47] betrug. Die Studienteilnehmer wurden in zwei Generationsgruppen eingeteilt und die mittlere (36-50 Jahren) und die ältere Generation (51-70 Jahren) zusammengelegt, um die Personen jüngeren Alters mit den Personen älteren Alters vergleichen zu können. Nachdem die Stichprobe dichotomisiert wurde fielen 40% (72 Personen) in die ältere und 59% (109 Personen) in die jüngere Generation. 54.7 %, 98 Personen haben die allgemeine oder fachgebundene Hochschulreife erworben und 21.7% (15 Personen) die mittlere Reife. 5.6 % (10 Personen) haben die Fachoberschulreife erlangt, nur 3 Personen (1.7%) haben den Hauptschulabschluss erworben und 2 Personen (1.1%) einen polytechnischen Abschluss. Eine Person (0.7%) erreichte keinen Abschluss. Nachdem die Klassifizierung der Proband: innen in Täter-, Täter-Opfer und Opfergruppen erfolgte ergab sich gemäß der z-Standardisierung folgende Verteilung: 22 Personen (12.3%) wurden als Opfer klassiert. Die meisten Personen (98 Personen) fallen mit 54.7% in die wechselseitige Gruppe der Täter-Opfer und 17 Personen (9.5%) fallen in die Tätergruppe.

3.2 Methodik der Studie, Testinstrumente und Operationalisierung

Zur Beantwortung der Fragestellung für das Forschungsprojekt wurde ein anonymisierter quantitativer digitaler Fragebogen erstellt, um relevante Angaben im Hinblick auf die Fragestellung nach einem möglichen Zusammenhang zwischen memorierter Viktimisierungs- und Bullyingerfahrungen in der Schulzeit und dem heutigen sozioökonomischen Status sammeln zu können. Die Onlineumfrage war über das Onlineumfrage-Tool Limesurvey als Link zugänglich. Der Erhebungszeitraum betrug 5 Monate, vom 31.05.2021 – 01.20.2021. Der Fragebogen betrug eine durchschnittliche Bearbeitungsdauer von 25-30 Minuten. Es wurden Personen (N= 218) aus dem eigenen sozialen Umfeld und dem eigenen Arbeits- und studentischen Umfeld akquiriert. Auch diverse Facebookgruppen, die gezielt für die Probandenakquise gedacht sind, wurden dafür benutzt.

Im Folgenden werden die Items erläutert, die für die Beantwortung der Fragestellung relevant waren und der Zusatzfragebogen zur Erfassung der sozialen Herkunft wird außen vorgelassen. Der erste Teil der Umfrage setzte sich aus Items zusammen, die demografische Fragen (Alter, Geschlecht, Jahr des Schulabschlusses, Schulabschluss) beinhalteten. Das Alter der Personen ließ sich durch die Angabe des Alters operationalisieren und die Altersgrenzen, die im Rahmen des Seminars gesetzt wurden, wurden genutzt um die Personen in die Generationsgruppen einzuteilen, wobei die ältere (36-70 Jahren) und die mittlere Generation (20-35 Jahren) dichotomisiert, d. h. zusammengelegt wurden. Die Generationsgruppen wurden folgendermaßen operationalisiert: Jüngere Generationsgruppe = 20-35 Jahren, ältere Generationsgruppe = 36-70 Jahren.

Anschließend wurden Fragen zu möglichen Diagnosen und Lernschwierigkeiten, zum heutigen sozio-ökonomischen Status anhand des Berufes, der Stellung im Beruf und des Einkommens operationalisiert wurde (Lampert & Kroll, 2007): „Wie hoch ist das monatliche Nettoeinkommen Ihres Haushaltes insgesamt? Dabei ist die Summe gemeint, die sich aus Lohn, Gehalt, Einkommen aus selbständiger Tätigkeit, Rente oder Pension ergibt. Rechnen Sie bitte auch die Einkünfte aus öffentlichen Beihilfen, Einkommen aus Vermietung, Verpachtung, Wohngeld, Kindergeld und sonstige Einkünfte hinzu und ziehen Sie dann Steuern und Sozialversicherungsbeiträge ab.“ Die Frage nach dem Einkommen ist unter anderem eine der wichtigsten Fragen zur Beantwortung der Fragestellung, wie sich schulisches Bullying auf den heutigen sozioökonomischen Status, auf das Einkommen im Erwachsenenalter, auswirkt. Der sozioökonomische Status wurde anhand des Nettoeinkommens eines Haushaltes operationalisiert (Antwortmöglichkeiten im Codebuch, Variable:

Einkommen_korrigiert), weil der Fokus der Studie auf die negativen Konsequenzen von Mobbing auf das Einkommen im Erwachsenenalter gelegt wurde.

Zur Erfassung der memorierten schulischen Bullying- und Viktimisierungserfahrungen und der Zuweisung in die Täter-, Täter-Opfer und Opfergruppe, wurde der BVF-K, der Bullying- und Viktimisierungsfragebogen für Kinder von Marées & Petermann (2009) zur Selbstevaluation genutzt, welcher sprachlich für Erwachsene modifiziert wurde. Das Testinstrument stellt Fragen zur Erfahrung in direktem und indirektem Bullying und kann differenzieren, ob Probanden relationale und offene Viktimisierung und/oder Bullying erlebt haben. Der BVF-K erfasst die direkte und indirekte Aggression zur Zuweisung in die Tätergruppe. Ein mögliches Beispiel eines Items zur Erfassung der direkten Aggression wäre: „Wie oft haben Sie selbst jemanden absichtliche geschubst, geschlagen oder getreten?" Zur Erfassung der indirekten Aggression wurden Items wie diese gefragt: „Wie oft haben Sie selbst schlecht über einen anderen Menschen geredet, so dass die Anderen ihn/sie nicht mehr mögen?". Der Fragebogen begann mit Fragen zur Häufigkeit und Intensität der erfahrenen Viktimisierung und anschließend zum aktiven Bullying in der Schulzeit. Das erste und letzte Item erfasst prosoziales Verhalten, um am Ende und zu Beginn eine positive Konnotation zu schaffen: „Wie oft wurde Ihnen von Ihren Mitschülerinnen und Mitschülern geholfen, wenn Sie Hilfe brauchten?". Das Antwortformat bestand aus fünf Antwortmöglichkeiten, um eine differenzierte Antwort in Bezug auf die Häufigkeit und Intensität zu erhalten (1= nie, 2= sehr selten, 3= manchmal, 4= oft, 5= sehr oft). Mithilfe des Testkonstruktes wurden die Personen in Täter-, Täter-Opfer und Opfergruppen klassifiziert.

Zur Einteilung der Personen in Täter-, Täter-Opfer & Opfergruppen wurde aus den Skalenitems, die den Grad der Viktimisierung erfassen, ein Mittelwert gebildet. Dies wurde ebenso für die Täterskala gemacht. Die mittlere Ausprägung, welche eine Person für das Opfersein aufwies, wurde von dessen Wert des Täterseins abgezogen und die sich daraus bildende Differenz wurde z-standardisiert. Es wurde folgendes Kriterium festgelegt, um den Grad des Opferseins zu erfassen. Wenn der z-standardisierte Wert gleich oder kleiner – *1 SD* ist, wurde die Person der Opfergruppe zugeteilt. Das gleiche Kriterium wurde für die Einordnung in die Tätergruppe verwendet, jedoch musste ein Wert von einer oder *>SD* erreicht werden. Diejenigen, die Werte weniger als eine *SD* vom Mittelwert 0 entfernt lagen, fielen in die Täter-Opfergruppe.

3.3 Statistische Verfahren zur Hypothesenüberprüfung

Die Onlineumfrage wurden in SPSS eingegeben und die Hypothesen wurden mit dem Programm überprüft. Alle drei Hypothesen **(H1, H2, H3)** wurden deskriptiv beschrieben, um die Tendenz festzustellen. Es wurden sich die Mediane und die Perzentile für die Verteilung der Einkommensklassen in den jeweiligen Gruppen der Täter, Opfer und Täter-Opfer und den Generationen angeschaut, um diese in die Interpretation des Ergebnisses auf deskriptiver Ebene mit einzubeziehen. Ferner wurden für **Hypothese 1** die Modi dargestellt und interpretiert. Um zu verdeutlichen, weshalb sich Generationen angeschaut wurden, wurde mithilfe des nicht parametrischen Mann-Whitney-U-Test zunächst der Unterschied im Einkommen auf Signifikanz geprüft. Es soll verdeutlicht werden, dass das steigendende Einkommen der älteren Generation mit dem Alter und Berufserfahrungen einhergeht. Für die **Hypothesen (1, 2, 3)** wurde der nicht-parametrische Kruskal-Wallis-Test bei unabhängigen Stichproben verwendet. Da die abhängige Variable ordinalskaliert ist und eine Prädiktorvariable vorliegt, die anhand der zu vergleichenden Gruppen gebildet wird, sind die Voraussetzungen für den Test erfüllt.

Der Kruskal-Wallis-Test sieht eine Rangierung der Daten vor. Der Wert, welcher berechnet wird muss auf Signifikanz geprüft werden und da aufgrund der Menge an zu vergleichenden Gruppen von keiner Chi-Quadrat-verteilten Teststatistik ausgegangen wird, wird der exakte Test berichtet. Dunn-Bonferroni-Test als Post-hoc-test wird nicht durchgeführt, weil keines der Ergebnisse signifikant ist. Im Anschluss wurden für jede Hypothese die Effektstärken berechnet, um die Bedeutsamkeit des Effektes einzustufen.

4 Befunde der empirischen Studie und Interpretation

Deskriptiv zeigt sich, dass drei Personen (13.6 %), die der Opfergruppe zugeordnet wurden unter 1.250 Euro p. M und mit ebenfalls 13.6 %, drei Personen, zwischen 1.250- 1.749 Euro pro Monat verdienen. 4 Personen (18.2 %) gaben an, 1.750-2.249 Euro, 2.250-3.999 Euro und 4.000-4.999 Euro p. M. zu verdienen. Eine Person aus der Opfergruppe gab an (4.5 %) über 5.000 p. M. zu verdienen. Die als Opfer klassierten Personen, gaben an zwischen 1.750- 2.249 Euro zu verdienen, *Mdn* = 3.00 [2.00, 5.00]. Die als Opfer eingeordneten Personen fallen demnach in die dritte Einkommensklasse (Siehe Abbildung 2).

Im Balkendiagramm für die Täter-Opfergruppe zeigt sich ein heterogenes Bild bezüglich des monatlichen Nettoeinkommens des Haushaltes. 17 Personen (17.3 %) verdienen unter 1.250 Euro p.M und 10 Personen (10.2 %) gaben an, zwischen 1.250 – 1.749 Euro p.M. zu verdienen. 9 Personen (9.2%) sagten, dass sie zwischen 1.750- 2.249 Euro monatlich verdienen. 23 Personen (23.5%) fallen mit dem monatlichen Einkommen von 2.250- 3.999

Euro in die vierte Einkommensklasse. 11 Personen (11.2%) verdienen monatlich 4.000-4.999 Euro und 16 Personen (16.3 %) liegen mit einem monatlichen Verdienst von über 5.000 p.M. in der höchsten Einkommensklasse. Personen, die als Täter-Opfer klassiert wurden, verdienen, den Angaben zu Folge, mit einem *Mdn*= 4.00 [2.00, 5.00] im Mittel 2.250-3.999 Euro pro Monat. Diese Personen fallen in die vierte Einkommensklasse für das Nettoeinkommen des Haushaltes (Siehe Abbildung 3).

Das Balkendiagramm für das heutige monatliche Nettoeinkommen der als Täter eingeordneten Personen, verdeutlicht, dass die höheren Einkommensklassen häufiger besetzt sind, im Vergleich zu den als Täter-Opfer klassierten und den der Opferrolle zugeordneten Personen. Von den 16 Personen, die als Täter klassiert wurden, gaben nur zwei Personen (11.8 %) ein Einkommen unter 1.250 Euro pro Monat an. 11.8 %, zwei der Täterrolle zugeordneten Personen, gaben ein Einkommen zwischen 1.250- 1.749 Euro p. M an. 17.6 %, drei Personen gaben zwischen 1.759- 2.249 Euro und 4 Personen, 23.5%, gaben ein Einkommen zwischen 2.250- 3.999 Euro an. Ein Einkommen von 4.000 – 4.999 Euro bestätigte nur eine Person (5.9%). Wiederum 4 Personen, 23.5 %, gaben ein monatliches Nettoeinkommen über 5.000 Euro an. Diejenigen, die als Täter klassiert wurden, fallen demnach ebenfalls in die vierte Einkommensklasse. Sie gaben mit einem *Mdn*= 4.00 [2.25, 5.75] an, dass sie im Mittel 2.250-3.999 Euro verdienen. Hier zeigen die Perzentile, dass die Täter tendenziell ein höheres Einkommen aufweisen, als die als Täter-Opfer und Opfer klassierten Personen (Siehe Abbildung 4). Es zeigt sich, dass die Täter-Opfer und die Täter um eine Einkommensklasse mehr verdienen als die Opfer. Es lässt sich demnach folgende Tendenz feststellen: Je mehr Täterausprägung eine Person hat, desto höher ist in dieser Stichprobe das Einkommen. Die Mediane zeigen einen finanziellen Unterschied um eine Einkommensklasse, sodass dieser **Hypothese 1** den deskriptiven Ergebnissen zu folge angenommen werden kann.

Bei der visuellen Inspektion des Balkendiagrammes für die Gesamtschau (Siehe Abbildung 5) zeigt sich für die Tätergruppe eine deutlich häufigere Besetzung höherer Einkommensklassen. Bei den als Täter klassierten Personen steigt das monatliche Einkommen deutlich und kontinuierlich bis zur vierten Einkommensklasse von 2.250-3.999€. Bei der vierten Einkommensklasse, 4.000- 4.999€, lässt sich ein Bruch feststellen, da hier die Häufigkeit der Besetzung sinkt, doch steigt die Besetzung für die höchste Einkommensklasse von über 5.000€ wieder. Für die als Täter klassierten Personen lassen sich zwei Modi in den höheren Einkommensklasse, Klasse 4 und 6, feststellen $\bar{x}_d$ = 2.250- 3.999€, über 5.000€. Die Modi zeigen, welche Einkommensklasse am häufigsten gewählt wurden. Es waren vergleichsweise hohe, Klasse 4 und 6, bei den als Täter klassierten Personen.

Für die Opfer-, und die Täter-Opfergruppe lässt sich eine solche Tendenz nicht feststellen. Für die in der Opfergruppe zugeordneten Personen lässt sich kein eindeutiger Trend hinsichtlich der Verteilung über die Einkommensklassen erkennen. Das Einkommen der Opfergruppe scheint verhältnismäßig gleichverteilt. Es lassen sich drei Modi für die häufig besetzte Einkommensgruppe feststellen $\bar{x}_d$= 1.750- 2.249€, 2.230- 3.999€, 4.000- 4.999€.

Für die als Täter-Opfer-klassierten Personen zeigt sich ein heterogenes Bild mit einer schwankenden Besetzung der Einkommensklassen, denn zu Beginn geben ca. 20% der Person an unter 1.250 Euro p. M. zu verdienen. In der zweiten und der dritten Einkommensklasse fällt die Steigung doch in der dritten Einkommensklasse. Es lässt sich eine deutliche Steigung feststellen, die aber in der fünften Einkommensklasse stark abfällt.

Anschließend steigt die Besetzung in der höchsten Einkommensklasse auf 18%. Hier lässt sich ein Modus in der vierten Einkommensklasse feststellen $\bar{x_d}$= 2.250- 3.999 €. Der Trend widerspricht der Hypothese, dass viktimisierte Personen im Durchschnitt weniger verdienen, nicht. Die Gesamtschau aller Gruppen zeigt, dass Personen, die eher eine Täterausprägung haben, seien es die als Täter-Opfer oder als Täter klassierten Personen, ein Einkommen höherer Gehaltsklassen angaben. **Hypothese 1** kann anhand der Modi bestätigt werden.

Im nächsten Schritt wurde mithilfe des Kruskal-Wallis-Test überprüft, ob dieser deskriptive Unterschied in der Besetzung der Einkommensklassen sich in den Täter, Täter-Opfer und Opfergruppen statistisch signifikant unterscheidet, um die **Hypothese 1** exakter zu überprüfen. Der Kruskal-Wallis-Test zeigt statistisch keinen signifikanten Unterschied in der Besetzung der Einkommensklassen hinsichtlich der einzelnen Täter-, Opfer- und Täter-Opfergruppen, sodass die Hypothese 1 verworfen werden kann, $H(2)$= 0.584, p = .747. Es handelt sich um einen kleinen Effekt nach Cohen (1992), η^2 = 0.012, r = 0.109, d = 0.22. Die Ergebnisse lassen darauf schließen, dass sich innerhalb der Täter-, Opfer- und Täter-Opfergruppen in den Einkommensklassen kein signifikanter Unterschied feststellen lässt, sodass die **Hypothese 1** abgelehnt werden muss. Die Annahme, dass viktimisierte Personen weniger verdienen, kann dieses Ergebnis nicht bestätigen.

Deskriptiv zeigt sich jedoch auch im Kruskal-Wallis-Test, dass sich die Mediane in den jeweiligen Gruppen unterscheiden. Die Personen, die eher der Opfergruppe zugewiesen wurden, befinden sich demnach im Mittel in der dritten Einkommensklasse von 1.750-2.250 Euro [2, 5]. Die Personen, die als Täter-Opfer klassiert wurden, fallen durchschnittlich in eine höhere

Einkommensklasse als die der Opfer, *Mdn*= 4 [2, 5]. Die Täter fallen ebenso in eine höhere Einkommensklasse als viktimisierte Personen, sodass diese Ergebnisse die Annahme, dass viktimisierte Personen weniger verdienen, deskriptiv bestärken *Mdn*= 4 [2.25, 2.75].

Ein weiteres Ziel dieser Arbeit ist es, zu schauen, ob zwischen der jüngeren und der älteren Generation einen signifikanten Unterschied im monatlichen Einkommen bezüglich der Täter-, Täter-Opfer- und Opfergruppe gibt. Es soll untersucht werden, ob sich die Annahme, dass der Einkommensunterschied zwischen den in Hypothese 1 genannten Gruppen generationsunabhängig ist, bestätigt. Hierzu wurde die jüngere Generation (20-35 Jahren) und die ältere Generation (36-70 Jahren) mit dem nicht parametrischen Mann-Whitney-U-Test auf Signifikanz geprüft, um statistisch zu verdeutlichen, dass das steigende Einkommen in der älteren Generation mit dem Alter einhergehen könne. Es zeigt sich ein signifikanter Unterschied zwischen der jüngeren und älteren Generation im Einkommen: U= 667.500, z = - 6.076, p = < .001. r = - 0.549, d = -1.3137. Der Pearson Korrelationskoeffizient von - 0.549 und Cohen's d= -1.3137 sind starke Effekte nach Cohen (1988).

Im nächsten Schritt wurde untersucht, ob es einen signifikanten Unterschied in der Besetzung der Einkommensklassen der Täter, Täter-Opfer- und Opfergruppen zwischen der älteren und jüngeren Generation gibt. Es wird angenommen, dass der Unterschied im Einkommen der einzelnen Rollen generationsunabhängig ist, was der statistischen Nullhypothese entspricht. Es wird davon ausgegangen, dass sowohl in der jüngeren als auch in der älteren Generation viktimisierte Personen weniger verdienen, als diejenigen, die eher eine Täterausprägung haben. Der Kruskal-Wallis-Test zeigt, weder für die jüngere Generation, $H(2) = 0.53$, $p = .768$, noch für die ältere Generation, $H(2)= 1.217$, $p= .544$, einen signifikanten Unterschied in der

Verteilung des Einkommens in den Täter, Opfer-, Täter-Opfergruppen. Für die jüngere Generation ergab sich ein kleiner Effekt von $\eta^2 = 0.022$, $r = 0.148$, $d = 0.3$. Für die ältere Generation lässt sich ein kleiner Effekt von $\eta^2 = 0.016$, $r = 0.127$, $d = 0.255$ erkennen. Diese Ergebnisse lassen darauf schließen, dass sich der Unterschied im Einkommen in den einzelnen Gruppen nicht stark genug voneinander unterscheidet. Die Ergebnisse zeigen, dass es keinen signifikanten Unterschied im Einkommen in den jeweiligen Gruppen gibt, sodass **Hypothese 2** abgelehnt wird.

Deskriptiv zeigt die Grafik (Abbildung 6), dass sich die Mediane für die jüngere Generation im Alter von 20-35 Jahren folgendermaßen unterscheiden. Die Personen der jüngeren Generation, die als Opfer klassiert wurden, fallen durchschnittlich mit einem monatlichen Einkommen von 1.759-2.250 Euro in die dritte Einkommensklasse, *Mdn*= 3 [2.00,4.00]. Für die Täter lässt sich ebenfalls ein durchschnittliches Nettoeinkommen der dritten Einkommensklasse feststellen, *Mdn*= 3.00 [1.75, 4.00]. Für die Personen, die als Täter-Opfer eingeordnet wurden, zeigt sich, dass sie durchschnittlich in die zweite Einkommensklasse (1. 250-1.750 Euro) fallen, *Mdn*= 2 [1.00, 4.00].

In dieser Grafik zu den Medianen für die ältere Generation (Abbildung 7) wird noch einmal der Einkommensunterschied zwischen der jüngeren und älteren Generation deutlich, der zuvor mit einem Mann-Whitney-U-Test bestätigt wurde. Für die als Opfer klassierten Personen zeigt sich, dass sie eher über ein durchschnittliches Einkommen der fünften Einkommensklasse (4.000- 4.999 Euro) verfügen, *Mdn*= 5 [3.25, 5.25]. Für die als Täter-Opfer klassifizierten Personen zeigen die Ergebnisse ein Median von 4.50 [4.00, 6.00]. Für die Täter zeigt sich ein Median von 5.50 [4.00, 6.00]. Deskriptiv ist es hypothesenkonform, da sowohl die untere Grenze des Perzentils, als auch die obere Grenze des Perzentils [6.00] nach oben verrutscht ist. **Hypothese**

3 kann deskriptiv bestätigt werden, weil die Personen als Täter klassierten Personen der jüngeren Generationen im Mittel genauso viel verdienen wie viktimisierte Personen, wohingegen die als Täter klassierten Personen der älteren Generationen einen leichten Anstieg des Einkommens [5.50] angeben. Der beschriebene Effekt zeigt sich den Ergebnissen zu folgen am deutlichsten mit zunehmendem Alter.

5 Diskussion: Zusammenfassung, Limitationen & Ausblick

In dieser Studie wurden sich die Auswirkungen von schulischem Mobbing auf den späteren sozioökonomischen Status, operationalisiert durch das monatliche Nettoeinkommen eines Haushaltes, im Erwachsenenalter angeschaut, um die Langzeitfolgen von Bullying auf sozio-ökonomischer Ebene in Deutschland zu erweitern. Bullying- und Viktimisierungerfahrungen haben für alle Beteiligten des Mobbingkreises negative Konsequenzen, doch die empirischen Befunde und die theoretischen Überlegungen zeigen, dass eine Viktimisierung mit größeren Folgen einhergeht, sowohl auf sozialer- als auch sozi-ökonomischer Ebene. Die Hypothese, dass viktimisierte Personen im Erwachsenenalter deutlich weniger verdienen als die Täter- und Täter-Opfer, konnte weder für die jüngere (20-35 Jahren) noch für die ältere Generation (36-70 Jahren) bestätigt werden, was die bisherigen Ergebnisse des Forschungsstandes nicht replizieren. Es zeigte sich aber in der Stichprobe aller Personen im Hinblick auf die Perzentile, Mediane und Modi eine leicht steigende Tendenz für die als Täter klassierte Personen, da sie im Durchschnitt um eine Einkommensklasse mehr verdienen und sie häufiger höhere Einkommensklassen angeben (Klasse 4 und 6) als die Täter- und Täter-Opfer, bei denen es verhältnismäßig gleichverteilt ist. Deskriptiv zeigen die

Mediane und Modi folgende Tendenz: Der Trend widerspricht **Hypothese 1** aus deskriptiver Sicht nicht, auch wenn das Ergebnis statistisch nicht signifikant ist. Die Annahme **(Hypothese 1),** dass viktimisierte Personen weniger verdienen, als die Täter-Opfer und Täter klassierten Personen sowie die Annahme, dass der beschriebene Effekt in beiden Generationen zu finden ist **(Hypothese 2)**, konnte statistisch nicht belegt werden. Es zeigte sich in keiner der drei Gruppen ein signifikantes Ergebnis. Der bisherige Forschungsstand zeigte, dass vor allem Personen im Alter von 50 Jahren weniger verdienen und über weniger Wohlstandsgüter verfügen als ihre Altersgenossen (Brown & Taylor, 2008; Copeland et al., 2013; Takizawa et al., 2014; Brimblecombe et al., 2018). Das könne laut Brown & Taylor (2008) mit einem niedrigen Bildungsabschluss aber auch mit der Schwierigkeit des Hausbilden vom Humankapital einhergehen. Der Forschungsstand zeigte auch, dass die als Täter klassierten Personen häufiger erwerbslos sind (Sigurdson et al., 2014) aber auch diese Annahme ließ sich nicht bestätigen. In den jüngeren Generationen und in der älteren Generation zeigte sich kein statisch signifikanter Unterschied in der Einkommensverteilung der als Täter-, Täter-Opfer und Opfer klassierten Personen doch die Annahme, dass der erwartete Effekt stärker in der Gruppe höheren Alters in Erscheinung tritt, ließ sich deskriptiv bestätigen, da sich die Perzentile verschoben haben **(Hypothese 3)**. Es wurde angenommen, dass die Betrachtung der Langzeitfolgen von Personen älteren Alters aussagekräftiger sei. Das signifikante Ergebnis in der Höhe des Einkommens zwischen der jungen und der älteren Generation bestätigte diese Annahme. Statisch ist **Hypothese 3** abzulehnen aber deskriptiv zeigen die Mediane minimal, dass die als Täter klassierten Personen der älteren Generationen mehr verdienen als die Gruppen mit Opferausprägung, sodass **Hypothese 3** deskriptiv anzunehmen ist.

Im Folgenden werden methodische Chancen und Limitationen erwähnt. Die Ergebnisse lassen sich aufgrund von mehreren Aspekten nicht auf die Allgemeinheit übertragen.

Die im Theorieteil aufgeführten Studien nutzten zur Auswertung ihrer Daten Elternfragebögen, sodass es sich um eine subjektive, wahrgenommene Einschätzung eines Elternteils über die Bullying- und Viktimisierungserfahrung ihres Kindes handelt. In dieser Studie konnten die Proband: innen selbst Angaben zur wahrgenommenen memorierten Bullying- und Viktmisierungserfahrungen machen, was aussagekräftiger ist, als die Einschätzung einer Person, die es von außen betrachtet. Es handelt sich immer um eine Rekonstruktion einer Person und daher sollten die Ergebnisse kritisch reflektiert werden. Die zweite Limitation ist, dass die Stichprobengröße zu gering ist (n= 179). Die Häufigkeit der als Opfer- (12.3%) und Täter (9.5%) klassierten Personen ist zu gering, um auf die Gesamtheit schließen zu können. Nachdem die Personen den unterschiedlichen Generationsgruppen zugewiesen wurden, reduzierte sich die Anzahl erneut. Die dritte Limitation ist, dass die Stichprobe der Generationen nicht gleichverteilt ist und die Proband: innen im Mittel 30 Jahre alt waren, sodass die beiden älteren Generationen zusammengelegt werden mussten. Diese Limitation muss für die Interpretation der Hypothesen mit einbezogen werden. Die vierte Limitation ist, dass eher Personen aus dem akademischen Kontext rekrutiert wurden, sodass Personen mit einem Haupt- und Realschulabschluss oder keinem Abschluss weniger vertreten waren (Siehe 3.1, Stichprobe). Die meisten Personen haben eine allgemeine, fachgebundene Hochschulreife oder eine mittlere Reife. Generell können die Personen nur in der eigenen Stichprobe miteinander verglichen werden, was wiederum den Schweregrad beeinflusst. Da es eher eine akademische Stichprobe ist, ist zu erwarten, dass das Einkommen für die jüngere Generation vergleichsweise gering ist und der beschriebene Effekt aus **H1** schwieriger zu untersuchen ist. Die fünfte Limitation ist die Operationalisierung des SES durch das Nettoeinkommen des Haushaltes, denn es sollten mehrere Faktoren zur Bestimmung des SES miteinbezogen werden, z.b. Bildung, Beruf & Stellung im Beruf (Lampert & Kroll, 2007). In dieser Studie lag der Fokus eher auf die Auswirkungen auf das Einkommen doch die Frage zu dem monatlichen Einkommen ist eine Frage, die Proband: innen als privat empfinden könnten. Der Effekt der sozialen Erwünschtheit kann demnach auftreten und die Angabe zum Einkommen sollten kritisch reflektiert werden.

Die sechste Limitation ist die Quantifizierung in Täter-, Täter-Opfer und Opfergruppen, da die z-Standardisierung genutzt wurde und ein Kriterium (1 SD) festgelegt wurde. Grund dafür ist, dass mehr als ein Item aus der BVFK-Skala fehlte und so keine adäquate Auswertung nach dem Manual möglich war. Die siebte Limitation ist, dass die Antworten zur Bullying- und Viktimisierungserfahrung aus der Retrospektive getroffen werden und sich die Angaben auf die gesamte Schulzeit beziehen, anstatt auf einen konkreten Lebensabschnitt. Je älter eine Person ist, desto weiter liegt die Schulzeit zurück. Personen, die massiv gemobbt wurden oder gemobbt haben können das Ereignis verdrängt oder vergessen haben, sodass es zu Erinnerungsfehlern kommen kann. Eine weitere Limitation ist der Fehler im Antwortfeld bei der Frage nach dem Einkommen bezüglich der fünften Einkommensklasse. Dieser Fehler wurde korrigiert und Personen, die ein Einkommen der fünften Klasse angaben, wurden in die vierte Einkommensklasse verschoben.

Für die weitere Forschung sollte eine größere Stichprobe miteinbezogen werden, welche sich aus Personen unterschiedlicher Bildungsabschlüsse, Berufen und eine gleichmäßigere Geschlechter- und Altersverteilung zusammensetzt, um ein realistisches Bild der Gesellschaft abzubilden und die Langzeitfolgen speziell in der Lebensmitte (50

Jahren) erforschen zu können. Der sozioökonomische Status sollte nicht nur anhand des Nettoeinkommens operationalisiert werden, sondern auch mehrere Faktoren (Bildung, Stellung im Beruf, Beruf) miteinbeziehen. Um Erinnerungsfehler zu vermeiden, sollte die Befragung zur Bullying- und Vikitmisierungserfahrung wie in den zuvor beschriebenen Studien systematischer in verschiedenen Lebensabschnitten erfolgen. Es wäre eine Möglichkeit die Fragebögen, so ähnlich wie eine Lernverlaufsdiagnostik, fortlaufend in Schulen einzuführen, sodass sie z.B. in der Kindheit (7-11 Jahren) und in der Jugend (13-16 Jahren) und nach Beendigung der 10 Klasse von den SuS beantwortet werden und evaluiert werden können. Zur Erfassung der Langzeitfolgen im Erwachsenenalter, wäre es eine Überlegung wert, wenn Arbeitnehmer die Befragungen im Arbeitsumfeld erheben z.B. alle Jahrzehnte (20, 30, 40 & 50 Jahren), weil sich die negativen Konsequenzen von Bullying in einem Alter von 50 Jahren deutlicher zeigen.

Literaturverzeichnis

Brimblecombe, N., Evans-Lacko, S., Knapp, M., King, D., Takizawa, R., Maughan, B. & Arseneault, L. (2018). Long term economic impact associated with childhood bullying victimisation. *Social Science & Medicine, 208*, 134–141. https://doi.org/10.1016/j.socscimed.2018.05.014

Brown, S. & Taylor, K. (2008). Bullying, education and earnings: Evidence from the National Child Development Study. *Economics of Education Review, 27*(4), 387–401. https://doi.org/10.1016/j.econedurev.2007.03.003

Melzer, W., Bilz, L. & Dümmler, K. (2008). Mobbing und Gewalt in der Schule im Kontext sozialer Ungleichheit. In M. Richter, K. Hurrelmann, A. Klocke, W. Melzer & U. Ravens-Sieberer (Hrsg.), *Gesundheit, Ungleichheit und jugendliche Lebenswelten: Ergebnisse der zweiten internationalen Vergleichsstudie im Auftrag der Weltgesundheitsorganisation WHO* (S. 116–140). Beltz Juventa.

Melzer, W., Rostampour, P. (1996). Schulische Gewaltformen und Täter-Opfer-Problematik. In: Schubarth, W., Kolbe, FU., Willems, H. (eds) Gewalt an Schulen. VS Verlag für Sozialwissenschaften, Wiesbaden. https://doi.org/10.1007/978-3-663-10171-0_7

Nakamoto, J. & Schwartz, D. (2010). Is Peer Victimization Associated with Academic Achievement? A Meta-analytic Review. *Social Development, 19*(2), 221–242. https://doi.org/10.1111/j.1467-9507.2009.00539.x

Olweus, D. (1993). *Olweus, D: Bullying at School: What We Know and What We Can Do (Understanding Children's Worlds)* (Illustrated Aufl.). Blackwell Publishers.

Petermann, F. & von Marées, N. (2009). Der Bullying- und Viktimisierungsfragebogen für Kinder (BVF-K): Konstruktion und Analyse eines Verfahrens zur

Erhebung von Bullying im Vor- und Grundschulalter. *Praxis der Kinderpsychologie und Kinderpsychiatrie, 58*(2), 96–109. https://doi.org/10.13109/prkk.2009.58.2.96

Rostampour, P. (2006). Rollengefüge von Tätern und Opfern. In W. Melzer & W. Schubarth (Hrsg.), *Gewalt als soziales Problem in Schulen* (2. Aufl., S. 106–137). Verlag Barbara Budrich.

Sigurdson, J., Wallander, J. & Sund, A. (2014). Is involvement in school bullying associated with general health and psychosocial adjustment outcomes in adulthood? *Child Abuse & Neglect, 38*(10), 1607–1617. https://doi.org/10.1016/j.chiabu.2014.06.001

Santos, J. (2018, 29. Juni). *Economic impact of bullying #MHED2018*. National Elf Service. Abgerufen am 23. März 2022, von https://www.nationalelfservice.net/publication-types/economic-analysis/economic-impact-of-bullying-mhed2018/

Scheithauer, H., Hayer, T. & Petermann, F. (2003). Bullying unter Schülern: Erscheinungsformen, Risikobedingungen und Interventionskonzepte (Klinische Kinderpsychologie) (1. Auflage 2003 Aufl.). Hogrefe Verlag.

Sifferlin, A. (2013, 19. August). *Childhood Bullying's Lasting Impact on Employment*. TIME.Com. https://healthland.time.com/2013/08/19/childhood-bullyings-lasting-impact-on-employment/

Takizawa, R., Maughan, B. & Arseneault, L. (2014). Adult Health Outcomes of Childhood Bullying Victimization: Evidence From a Five-Decade Longitudinal British Birth Cohort. *American Journal of Psychiatry, 171*(7), 777–784. https://doi.org/10.1176/appi.ajp.2014.13101401

Wachs, S., Hess, M., Scheithauer, H., Schubarth, W. & Grewe, N. (2016). Mobbing an Schulen: Erkennen - Handeln - Vorbeugen (Brennpunkt Schule) (1. Aufl.). W. Kohlhammer GmbH.

Wolke, D., Copeland, W. E., Castello, E. J. & Angold, A. (2013). Impact of bullying in childhood on adult health, wealth, crime, and social outcomes. *Psychological Science*, 1–13. https://doi.org/10.1177/0956797613481608

Wolke, D. & Lereya, S. T. (2015). Long-term effects of bullying. *Archives of Disease in Childhood*, *100*(9), 879–885. https://doi.org/10.1136/archdischild-2014-306667